AF260055

# DISCOURS

*PRONONCÉS SUR LA TOMBE*

DE

# F∴ CUVILLIER

LE 25 AOUT 1866.

———

*PARIS*

Typographie de Charles Maréchal

RUE FONTAINE-AU-ROI, 18.

—

M DCCC LXVI

# DISCOURS

PRONONCÉ

## SUR LA TOMBE DU F∴ CUVILLIER,

1ᵉʳ Surveillant de la Loge Isis-Montyon, Orient de Paris,

PAR LE

### F∴ CAUZARD,

ORATEUR TITULAIRE DE LADITE LOGE,

Le 25 Août 1866.

MES FRÈRES, MESSIEURS,

Une loge maçonnique est en ce moment plongée dans la plus profonde douleur. Le Grand Architecte de l'univers a rappelé à lui notre bon et regretté frère CUVILLIER… La mort, en quelques heures, a détruit une existence chère à tous ceux qui avaient pu approcher celui dont nous accompagnons aujourd'hui la dépouille mortelle au champ du repos.

Je regrette profondément que mes paroles ne puissent vous démontrer toute l'affection que cette belle âme nous avait inspirée. Ah !

pour tous la perte est immense! Sa famille perd en sa personne un fils respectueux, un frère adoré, un époux tendre et aimant; ses amis un cœur sincère et généreux, ses employés un maître juste et bienveillant, l'infortuné un protecteur et un appui, la société, enfin, un de ses plus honorables citoyens.

Oui, frère Cuvillier, il est des natures que le Gr∴ Arch∴ prédestine, et vous en étiez une. Décédé à la fleur de l'âge, vous avez accompli, sous votre double existence maçonnique et privée, une tâche que fort peu d'entre nous auraient pu remplir jusqu'au bout. Aussi, comme Francs-Maçons stoïciens, considérant la mort plutôt comme un bienfait, devrions-nous sécher nos larmes. Mais il est des douleurs qui demandent à s'épancher, et celle que je ressens en ce moment m'impose un pénible devoir, celui d'être l'organe de cette Loge qui vous avait donné la lumière et que vous avez tant aimée !

Notre Atelier perd en vous son premier Surveillant et son ex-Vénérable, notre Chapitre son Très-Sage, et le Conseil de Kadoch 30ᵉ son ancien Grand-Maître. C'est donc un triple deuil qu'il nous faudra porter, nous, qui depuis quinze années, vivions avec vous dans ce sanctuaire fraternel.

Qu'il me soit permis aussi d'être l'interprète d'un petit être que vous affectionniez et dont les caresses enfantines vous firent tant de fois sourire et oublier vos dures fatigues dans vos courts instants de repos. Trop jeune, hélas! pour apprécier le deuil que votre trépas lui cause, elle ne pourra, dans l'avenir, que révérer la mémoire de son bienfaiteur, en concentrant toute sa tendresse sur votre compagne éplorée, ange de bonté qui lui tient lieu de mère depuis que la mort lui a ravi la sienne.

Inclinons-nous, mes Frères, devant les arrêts du Gr∴ Arch∴ de l'U∴, si rigoureux qu'ils nous paraissent, et réunissons nos sentiments d'affection pour les reporter tout entiers sur cette pauvre veuve, seule maintenant en son foyer; sur cette excellente femme, sa sœur par le sang, (la nôtre par les liens maçonniques), qui s'est montrée sublime de dévouement; sur son père, sur sa mère, enfin, si cruellement éprouvés et qui perdent en quelques mois leurs deux fils chéris. Puissent

nos efforts communs les aider à supporter
d'aussi cruelles épreuves !

Frère Cuvillier,

Au nom de la Loge Isis-Montyon, au
nom de vos frères en maçonnerie, recevez nos
adieux !

Et que la terre vous soit par trois fois
légère ! ! !...

Gémissons ! Gémissons ! ! Espérons ! ! !

Typ. Ch. Maréchal, rue Fontaine au Roi 18

# DISCOURS

PRONONCÉ

## SUR LA TOMBE DE M. CUVILLIER

PAR M. RÉGIMBEAU

MESSIEURS, MES AMIS,

C'est accablé sous le poids d'une immense douleur que je fais entendre ma voix près de cette tombe à peine fermée, et n'était le devoir impérieux qui m'y oblige, je me tairais devant tant d'amis plongés dans la tristesse, en présence surtout d'une famille brisée, anéantie par le désespoir.

Après une mort si inattendue, si foudroyante, les expressions me manquent, Messieurs, pour exprimer toute l'étendue de la perte irréparable que nous venons de faire dans la personne d'EDMOND CUVILLIER. Que vous dirais-je, d'ailleurs, de cet honnête homme que vous ne sachiez déjà vous-mêmes !

Edmond Cuvillier était une de ces natures ouvertes, loyales et sensibles, sur la physionomie desquelles se reflète l'âme toute entière, cœurs d'or que l'on est toujours sûr de trouver accessibles, et qui mettent leur bonheur à faire le bonheur des autres. Vous avez été, mes Amis, tant de fois témoins de son extrême bonté, de son obligeance sans bornes, de sa générosité inépuisable envers tant de malheureux qui ont eu si souvent recours à lui, que je ne devrais pas en parler devant vous.

Il est mort avec courage, plein de son dévouement à sa famille, à ses amis, à ses nombreux ouvriers dont il était la providence, emporté en quelques heures par un fléau dont les effets épouvantent.

Si le souvenir des bons soins qu'on a rendus à ceux qu'on aime est la seule consolation qui nous reste quand on les a perdus, cette consolation dernière ne vous manquera point à vous ses parents, ses amis, qui, plus heureux que moi, avez pu l'entourer à son lit de mort, lui prodiguer vos soins empressés et lui fermer les yeux.

Que ce concours affectueux de la dernière heure, du moins, soit un adoucissement au coup terrible qui a frappé sa malheureuse veuve, loin de lui, hélas ! au moment suprême, et qui n'a pu recueillir pieusement sa dernière pensée, exhalée dans son dernier soupir !...

Nous allons nous séparer, mes Amis, et bientôt ce lieu sera désert, mais le souvenir de notre excellent Edmond vivra éternellement dans nos cœurs.

Nous viendrons souvent visiter ta dernière demeure, ô toi le plus dévoué des hommes ! Nous jetterons une fleur consolatrice sur ta tombe, et, pensifs, nous nous en retournerons meilleurs en pensant à toi qui fus si bon sur la terre. La pensée de la mort, d'ailleurs, est salutaire.

Adieu ! ! !...

Paris — Typ. Ch. Maréchal, rue Fontaine au-Roi 18.

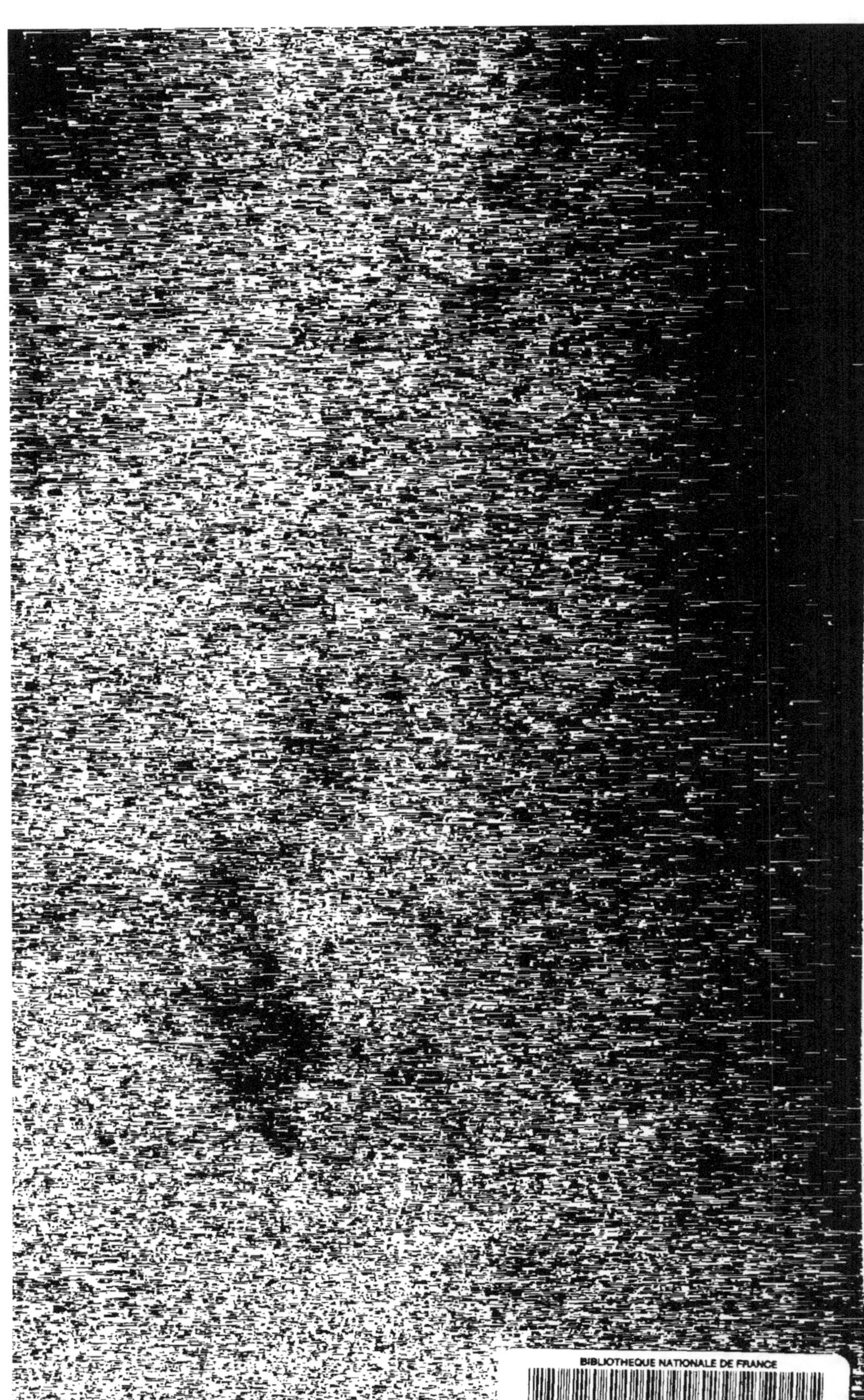